CUADERNO

Lengua Castellana

Segundo trimestre

El cuaderno Lengua Castellana 6, para sexto curso de Primaria, es una obra colectiva concebida, diseñada y creada en el Departamento de Ediciones Educativas de Santillana Educación, S. L., dirigido por **Teresa Grence Ruiz**.

En su elaboración ha participado el siguiente equipo:

Susana Gómez Sánchez
Sagrario Luna Rodríguez
Concha Romero Suárez
Mónica Sánchez Pérez

ILUSTRACIÓN
Alejandro Herrerías

DIRECCIÓN DEL PROYECTO
Leonor Romo Fernández

DIRECCIÓN Y COORDINACIÓN EDITORIAL DE PRIMARIA
Maite López-Sáez Rodríguez-Piñero

PRIMARIA 6

Índice

Unidad 6

COMPRENDO UNAS INSTRUCCIONES DE USO.
Exprimidor Orangix 32 4
GRAMÁTICA. El adverbio 6
ORTOGRAFÍA. Uso de la letra *ll* y de la letra *y* 8
SABER HACER. Escribir instrucciones 10

Unidad 7

COMPRENDO UN CUENTO. *Disputa artística* 12
GRAMÁTICA. Enlaces. Interjecciones 14
ORTOGRAFÍA. Uso de la letra *h* 16
SABER HACER. Elaborar un cartel 18

Unidad 8

COMPRENDO UNA BIOGRAFÍA. *Stephen Hawking* 20
GRAMÁTICA. La oración. El sujeto 22
ORTOGRAFÍA. Uso de la letra *x* 24
SABER HACER. Escribir una biografía 26

Unidad 9

COMPRENDO UN POEMA. *La volandera* 28
GRAMÁTICA. El predicado nominal. El atributo 30
ORTOGRAFÍA. Signos que indican pausa interna 32
SABER HACER. Escribir una carta al director 34

Unidad 10

COMPRENDO UNA PÁGINA WEB. *Los amigos del clima* 36
GRAMÁTICA. El predicado verbal. Los complementos 38
ORTOGRAFÍA. Los dos puntos 40
SABER HACER. Escribir un artículo 42

Amplío mi competencia léxica 44

Repaso trimestral 46

6 Comprendo unas instrucciones de uso

EXPRIMIDOR ORANGIX 32

Gracias por elegir el exprimidor Orangix 32. Tiene en sus manos un pequeño electrodoméstico seguro y fácil de usar al que podrá sacar un gran partido. Lea atentamente estas instrucciones y consérvelas para posteriores consultas.

Identificación de las piezas

1. Tapa de protección
2. Pieza exprimidora
3. Colador de pulpa
4. Jarra para el zumo
5. Cubierta del motor
6. Espacio para el cable

ANTES DE USAR ORANGIX 32

- Lave las piezas con agua templada y jabón. Aclare y seque.
- No sumerja en agua ni en ningún otro líquido la cubierta del motor y el cable.

MONTAJE

1. Coloque la jarra sobre la base del exprimidor.
2. Ponga el colador sobre la jarra.
3. Inserte la pieza exprimidora en el colador.
4. Conecte el cable a la red eléctrica.

FUNCIONAMIENTO

1. Parta el limón o la naranja en dos mitades.
2. Presione suavemente la fruta sobre el exprimidor para poner en marcha el aparato. Orangix 32 cambiará la dirección del movimiento cada vez que se interrumpa la fuerza y vuelva a iniciarse.
3. Desconecte el cable.
4. Retire los restos de fruta del exprimidor.

---

1 ¿De qué trata el texto? Marca.

☐ De los modelos de exprimidores.
☐ De cómo exprimir una naranja.
☐ De cómo usar un modelo de exprimidor.

➤ Escribe un título que recoja con exactitud el contenido del texto.

COMPETENCIA LECTORA

2 Escribe oraciones con estas palabras:

sumergir   insertar   desconectar

_____

_____

_____

3 Numera en orden.

4 ¿Qué cualidades del aparato se destacan? Escríbelo con tus palabras.

_____

_____

5 ¿Para qué crees que puede resultar útil el apartado _Identificación de las piezas_? Explica.

_____

_____

6 Escribe algo que no se deba hacer con el exprimidor Orangix 32.

_____

➤ Copia el título del apartado donde aparece esa información.

_____

7 Los apartados _Funcionamiento_ y _Montaje_ contienen indicaciones numeradas. ¿Por qué crees que se numeran? Explica.

_____

_____

El adverbio

1 Escribe estas oraciones sustituyendo las palabras destacadas por un adverbio.

- Mi casa está **a poca distancia** del colegio.
  _____

- Llegamos al teatro **antes de la hora prevista**.
  _____

- En ciudad los coches deben circular **a poca velocidad**.
  _____

- Para ganar el concurso, tienes que responder **con rapidez**.
  _____

- Estuvimos **en aquel lugar** el año pasado.
  _____

2 Copia los adverbios de estas oraciones y escribe de qué clase son.

El ejercicio me ha salido regular. ▶ _regular: adverbio de modo_

La excursión es mañana. ▶ _____

Quizás en verano vaya a la playa. ▶ _____

Los platos están allí. ▶ _____

Me gusta mucho dibujar. ▶ _____

No me gustan los días grises. ▶ _____

3 Subraya, al menos, cinco adverbios en el texto e indica a qué palabras complementan.

Viajar en avión

Para mí, el avión es, sin duda, uno de los inventos <u>más</u> asombrosos de la historia. Gracias a él puedes trasladarte rápidamente a grandes distancias, por eso hoy es el transporte más utilizado. Mi familia y yo siempre elegimos el avión para los viajes largos, nunca vamos en coche. Quizás sea caro, pero también es el medio de transporte más seguro.

GRAMÁTICA

6

4 Forma adverbios de modo añadiendo la terminación *-mente*.

lógico ▶ _____   igual ▶ _____

antiguo ▶ _____   natural ▶ _____

próximo ▶ _____   veloz ▶ _____

➤ Escribe otros tres adverbios de modo terminados en *-mente*.

_____

5 Elige dos adverbios de la actividad anterior y escribe una oración con cada uno.

_____

_____

6 Marca la oración que contiene un adverbio. Luego, escribe tú una con el adverbio *mucho*.

☐ Hay pocas monedas.   ☐ Ha llovido poco.

_____

7 Observa y describe la escena. Utiliza estos adverbios:

muy   tranquilamente   deprisa

_____

_____

_____

_____

_____

8 Escribe una oración que contenga un adverbio de cada clase.

De lugar ▶ _____

De cantidad ▶ _____

De modo ▶ _____

De tiempo ▶ _____

Uso de la letra *ll* y de la letra *y*

1 Copia correctamente las palabras incompletas del texto.

Un día de duro trabajo

Aque★a mañana, el sol bri★aba con fuerza y todo el va★e parecía amari★o. El gato no paraba de mau★ar, creo que de tanto calor. Yo tenía mucho trabajo que hacer en la granja. Primero, fui al corral a dar de comer a las ga★inas. Después, me dirigí a las cuadras para ensi★ar a los caba★os. Antes de tomar el bocadi★o, podé los membri★os. ¡Hasta me salieron ampo★as! Luego, pinté la barandi★a y, por último, pasé el rastri★o para amontonar las hojas.

_____
_____

2 Escribe un sustantivo de la familia de estos verbos:

atornillar ▶ _____   enrollar ▶ _____

llover ▶ _____   encasillar ▶ _____

3 ¿Qué son? Escribe una oración con cada sustantivo.

_____
_____
_____

4 Escribe el singular de estas palabras:

reyes ▶ _____   jerséis ▶ _____   leyes ▶ _____

5 Completa las oraciones con formas del pretérito perfecto simple de estos verbos:

construir ■ El albañil _____ el muro del parque.

huir ■ El ladrón _____ de la policía.

oír ■ Él _____ unos ruidos extraños.

ORTOGRAFÍA

6 Elige un recuadro y escribe un breve texto en el que aparezcan esas palabras.

| hay | ley | rey | | buey | ¡ay! | jersey |

_____

_____

_____

_____

7 Escribe oraciones con formas acabadas en *-y* de estos verbos:

ser ▶ _____

ir ▶ _____

dar ▶ _____

estar ▶ _____

8 Completa las oraciones con estas palabras:

hay
ahí
ay

- Trae las llaves que _____ en ese cajón de _____.
- ¡_____! Me he pillado el dedo con la puerta.
- _____ debajo de la mesa _____ un bolígrafo.

9 Completa con *ll* o *y*.

- orgu___o
- inclu___e
- cuchi___o
- desma___arse
- meji___a
- ___endo
- ho___o
- co___ar
- pararra___os
- cre___ente
- carreti___a
- pro___ecto

10 Completa las oraciones con la forma verbal que corresponda.

calló
cayó

- El lápiz _____ después de rodar por la mesa.
- Verónica se _____ cuando el profesor empezó la clase.

haya
halla

- Ojalá que _____ helado de chocolate de postre.
- Ella no _____ motivos por los que puedan haberse enfadado.

SABER HACER — ESCRIBIR INSTRUCCIONES

1 Lee y contesta.

Cómo poner la lavadora

1. Clasificar la ropa según su color. Es importante no mezclar las prendas blancas con las de colores oscuros.
2. Introducir la ropa en el tambor de la lavadora.
3. Añadir el detergente y el suavizante en las cubetas correspondientes del cajetín.
4. Seleccionar un programa de lavado con la temperatura adecuada a las prendas.
5. Cerrar la puerta de carga de la lavadora.
6. Pulsar el botón de inicio para poner en marcha el aparato.

selector de programas — botón de inicio — cajetín — tambor

- ¿Qué se explica en el texto?

- ¿Qué información aporta la imagen? ¿Te parece importante? ¿Por qué?

2 ¿Cómo están redactadas las instrucciones del texto de la actividad 1? Marca.

☐ Con oraciones que empiezan por un imperativo.

☐ Con oraciones que comienzan por un infinitivo.

☐ Con oraciones encabezadas por *se*.

➤ Elige una de las instrucciones del texto de la actividad 1 y vuelve a escribirla.

En imperativo

Encabezada por *se*

3 ¿Cuáles de estas ideas valdrían para escribir un texto de instrucciones? Marca.

Explicar cuántas clases de mamíferos hay.

Explicar cómo se suben unas escaleras.

Explicar qué has hecho el fin de semana.

Explicar qué son los recursos literarios.

Explicar cómo se usa una tostadora.

Explicar cómo se hace un trabajo manual.

Explicar qué hay que hacer para escribir una metáfora.

4 Escribe un texto de instrucciones. Puedes elegir libremente o utilizar una de estas ideas:

Instrucciones para poner en marcha el ordenador.

Instrucciones para poner en marcha el DVD.

Debes seguir estas recomendaciones:

- Elige la forma verbal que vas a utilizar y mantenla a lo largo de todas las instrucciones.
- Escribe un párrafo para cada paso y numera los diferentes párrafos.

7 Comprendo un cuento

Disputa artística

Hace mucho tiempo, en la bulliciosa Atenas, Zeuxis, el pintor, trabajaba muy de mañana en su taller. Llevaba días encerrado allí, sin parar más que para comer frugalmente y dormir unas horas.

Sabía que debía emplearse a fondo en los detalles de su obra: el tono exacto de color, la luz justa. Una voz joven interrumpió sus cavilaciones:

–¿Aún no has acabado, maestro? Faltan pocos días para zanjar la disputa…

–Bueno… Casi he terminado, aunque debo dar los últimos retoques –respondió Zeuxis mientras tapaba discretamente el cuadro que estaba pintando.

–He oído que ese tal Parrasio, tu rival, es realmente bueno. Claro que… ¡nada comparable a tu genialidad! No tengo ninguna duda de que serás el vencedor.

–No digas eso, Teodórides. Nunca se sabe…

Por fin llegó el día en que los dos pintores iban a medir su talento. Zeuxis se dirigió a la plaza donde se celebraba el certamen. Estaba abarrotada de público, impaciente por ver cómo se resolvía la contienda artística. Después de saludarse los rivales, comenzó la prueba. Zeuxis fue el primero en mostrar su cuadro. Apartó la tela que cubría la obra y se oyó una exclamación de admiración entre el público. Ante ellos aparecía un magnífico racimo de uvas cuyo sabor casi podía adivinarse. Hasta unos pájaros se abalanzaron sobre el cuadro, confundiendo la pintura con la realidad. Zeuxis sonrió satisfecho. Era difícil superarlo.

Cuando llegó el turno de Parrasio, este permaneció inmóvil, como invitando a Zeuxis a que fuera él mismo quien descubriera el cuadro de su rival. Zeuxis se aproximó a la obra de Parrasio y cuando intentó apartar la tela que lo cubría… ¡no había tela! Era una tela pintada. Se había reproducido con tal perfección que nadie podría suponer que no era real.

El propio Zeuxis reconoció la superioridad de Parrasio y lo declaró vencedor.

Y aún hoy, casi mil quinientos años después, muchos pintores persiguen incansables esa fiel imitación de la realidad en sus obras.

1 Inventa y escribe otro título para este cuento.

COMPETENCIA LECTORA

2 ¿Qué significan estas palabras del texto? Marca la opción correcta.

frugalmente	▶	☐ con moderación	☐ en exceso	☐ muy deprisa
zanjar	▶	☐ comenzar	☐ resolver	☐ ganar
abarrotada	▶	☐ vacía	☐ redonda	☐ llena

3 ¿En qué ciudad transcurre la acción? ¿Cuándo?

_____

4 Escribe en qué dos escenarios se desarrolla la historia.

_____

➤ Copia las palabras que indican dónde empieza y termina cada una de esas partes.

_____

_____

5 ¿Quién pintó cada cuadro?

_____   _____

➤ Escribe quién fue el ganador del certamen.

_____

6 Contesta.

■ ¿Por qué Zeuxis pensó que él iba a ser el ganador?

_____

■ ¿Por qué él mismo declaró vencedor a Parrasio?

_____

7 Explica cuál era la cualidad que más se valoraba en el certamen.

_____

Enlaces. Interjecciones

1 **Relaciona y escribe grupos nominales.**

Luego, rodea las preposiciones que has escrito.

	descansar. ▶	_____
en	sobresaltos. ▶	_____
de		
Un viaje para	barco. ▶	_____
hacia	negocios. ▶	_____
sin	el sur. ▶	_____

2 **Observa y escribe grupos nominales que contengan una preposición.**

_____   _____   _____

_____   _____   _____

3 **Completa estas oraciones con un complemento encabezado por una preposición.**

■ El marinero pensaba _____

■ La profesora habla _____

■ El tren saldrá _____

4 **Escribe dos oraciones que contengan preposiciones.**

_____

_____

5 **Completa cada oración con una conjunción.**

■ Vamos a merendar un sándwich _____ un zumo.

■ No solo la he visto, _____ que he hablado con ella.

■ ¿Cuántos años tienes: siete _____ ocho?

■ Mis hermanas se llaman Carmen _____ Inés.

■ No sé hablar inglés _____ francés, pero hablo alemán.

7

GRAMÁTICA

6 Escribe oraciones con estas conjunciones:

o _____

ni _____

pero _____

sino _____

7 Subraya de azul las conjunciones y de rojo las preposiciones.

- Varios árboles se cayeron durante la tormenta.
- Te enviaré el archivo por correo electrónico.
- He dormido bien, pero tengo sueño.
- El pueblo está tras esa colina.
- No me gusta el fútbol ni el baloncesto.
- O vienes enseguida, o me marcho.

8 Completa las oraciones con alguna de estas interjecciones:

¡Adelante!   ¡Eh!   ¿Eh?   ¡Ay!   ¡Oh!   ¡Adiós!

- _____ ¡Qué daño me he hecho!
- Me voy. _____
- _____ ¡Espérame, ya voy!

- _____ Puedes pasar.
- _____ ¿Qué has dicho?
- _____ ¡Qué pena que no vengas!

9 Describe esta escena. Utiliza, al menos, dos preposiciones y dos conjunciones.

_____

_____

_____

_____

_____

_____

_____

_____

Uso de la letra *h*

1 Completa el texto con palabras que empiecen por *h*.

Una tarde agradable

Teresa se encontraba de buen _____ y decidió disfrutar de una tarde en el parque. Se compró un _____ de vainilla y se tumbó sobre la _____. Pero como estaba _____ porque habían regado, se levantó enseguida. Se sentó en un banco de _____ forjado y se puso a leer un libro.

2 ¿Qué son? Escribe una oración con cada sustantivo.

_____

_____

_____

3 Escribe palabras que empiecen por *hie-*, *hum-* y *herm-*.

hie-	hum-	herm-
_____	_____	_____
_____	_____	_____
_____	_____	_____

4 Completa las oraciones con formas verbales en pasado.

hablar   El profesor _____ sobre el hábitat del oso polar.

hacer   Juan _____ una reclamación en secretaría.

hallar   Los niños _____ la solución del problema.

herir   Rosa _____ a su amiga sin querer.

ORTOGRAFÍA

7

5 Completa con formas del presente de indicativo del verbo *oler*.

- Las rosas del jardín _____ estupendamente.

- Nosotros _____ tus guisos a distancia.

- Vosotros _____ al humo de la chimenea.

- Yo _____ la colonia antes de comprarla.

6 Copia la definición que corresponde a cada término. Después escribe el sustantivo a partir del que se ha formado cada verbo.

Pasar las hojas de un libro o cuaderno.   Mirar a alguna parte.

ojear ▶ _____

_____

hojear ▶ _____

_____

7 Completa las oraciones con formas en pasado de verbos con *h* inicial.

- El ratón _____ rápidamente de las garras del gato.

- El cofre del tesoro se _____ en el fondo del mar.

8 Escribe verbos a partir de estos sustantivos:

hospital ▶ _____   hechizo ▶ _____

humano ▶ _____   horror ▶ _____

9 Forma estas palabras de la familia de *habitar* y escribe una oración con cada una.

BIHACIÓNTA   _____

TANIHABTE   _____

17

> **SABER HACER**   **ELABORAR UN CARTEL**

1 Lee y contesta.

Corso de Teatro

Dirigido a niños y niñas menores de 15 años.
Impartido por actores profesionales en el centro cultural Entre bastidores.

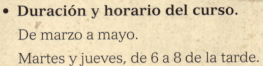

- **Duración y horario del curso.**
  De marzo a mayo.
  Martes y jueves, de 6 a 8 de la tarde.

- **Plazo de matrícula.**
  Hasta el 28 de febrero.

Subvencionado por el Excmo. Ayuntamiento de Canillejos

¡Ponte al otro lado del telón!

- ¿Qué anuncia el cartel?
  _____

- ¿Qué información se ofrece sobre el curso?
  _____
  _____

2 Copia el eslogan del cartel del curso.
_____

➤ Inventa un eslogan para cada campaña.

Para fomentar el uso del transporte público.
_____
_____

Para animar a mantener limpia la ciudad.
_____
_____

3 Piensa y escribe. ¿Qué carteles podrías encontrar en cada lugar?

En tu colegio ▶ _____

_____

En un polideportivo ▶ _____

_____

En la calle ▶ _____

_____

4 Elabora un cartel. Puedes utilizar alguna de estas ideas:

Para anunciar una fiesta de las familias en tu colegio.

Para anunciar un curso básico de guitarra.

Para promover el compañerismo.

Para que sea completo y atractivo, hazlo así:

- Incluye todos los datos importantes (fecha, horario, lugar…).
- Piensa a quiénes va dirigido.
- Juega con distintos tamaños y colores de letra.
- No olvides escribir una frase ingeniosa que anime a participar.

8 Comprendo una biografía

Stephen Hawking

Algunas personas, con sus aportaciones, han cambiado la manera de acercarnos a la realidad, de conocer el mundo. Stephen Hawking, uno de los científicos más prestigiosos del siglo XX, es una de ellas. A pesar de que las disciplinas a las que se dedica son poco accesibles para la mayoría de la gente, es un personaje muy conocido, uno de los pocos astrofísicos cuyo nombre nos resulta familiar.

Stephen William Hawking nació en Oxford el 8 de enero de 1942. Quiso la casualidad que viniera al mundo exactamente trescientos años después de la muerte del gran Galileo Galilei. Su familia se había trasladado a Oxford en busca de un lugar más seguro que Londres, ciudad a la que la Segunda Guerra Mundial había convertido en continuo blanco de los ataques de la aviación alemana.

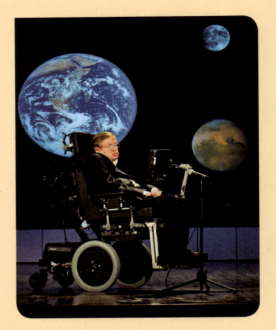

Hawking no fue un alumno demasiado brillante durante su etapa escolar. Cuando llegó el momento de ir a la universidad, siguiendo los deseos de su padre, se matriculó en el University College de Oxford. Allí se graduó en la especialidad de Física. A continuación, cursó su doctorado en Cambridge.

Por aquella época comenzaron los primeros síntomas de un trastorno degenerativo muscular que afecta gravemente a su movilidad. Los médicos no le daban más de dos años de vida; sin embargo, se equivocaron. Hawking luchó contra su enfermedad y, a pesar de su progresivo deterioro físico, siguió investigando con pasión y formulando revolucionarias aportaciones en el campo de la física teórica y la astrofísica. Sus estudios han permitido profundizar en teorías como la del Big Bang, que explica el origen del universo.

Stephen Hawking ha publicado algunos libros que han batido récords de ventas y ha recibido toda clase de méritos y reconocimientos científicos. Además, siempre ha destacado su interés por divulgar los conceptos científicos y acercar la ciencia a los no expertos.

Con cierta fama de persona irascible, algunos de los que lo conocen opinan que se ajusta a la imagen del genio egoísta. Como contrapunto señalan su peculiar sentido del humor y su extraordinaria inteligencia.

1 **Explica con tus palabras qué es una biografía.**
Al acabar, comprueba tu definición consultando el diccionario.

COMPETENCIA LECTORA

2 Contesta.

■ ¿Dónde nació Stephen Hawking? ¿Cuándo?

_____

■ ¿Qué curiosidad se comenta sobre su fecha de nacimiento? ¿Por qué es un dato curioso?

_____

_____

■ ¿Qué importante hecho histórico se producía en Europa cuando Hawking nació?
¿Cómo influyó en su vida?

_____

_____

■ ¿En qué dos prestigiosas ciudades universitarias británicas estudió?

_____

3 ¿Qué se dice sobre el carácter de Hawking? Explícalo con tus palabras.

_____

_____

_____

4 Justifica esta afirmación con datos del texto.

> La frágil salud de Hawking no le impidió llegar a lo más alto en el campo de la investigación científica.

_____

_____

_____

_____

5 Consulta Internet con ayuda de un adulto y copia el título de algún libro de Stephen Hawking.

_____

La oración. El sujeto

1 **Copia y clasifica estos enunciados:**

- ¡Qué susto!
- Tengo hambre.
- Hace calor.
- ¿Qué haces?
- ¡Claro que sí!
- ¡Cuántos pasteles!
- Vámonos.
- ¡Vaya suerte!

Enunciados oracionales	Enunciados no oracionales

2 **Escribe un enunciado oracional y uno no oracional para cada fotografía.**

3 **Subraya de azul el sujeto y de rojo el predicado de cada oración.**

- Los profesores hablaron a los alumnos.
- El tío de mi amiga Ana fue a la reunión.
- Esta tarde han llegado los regalos.
- En ese hotel trabaja la hermana de Javier.
- Nadie ha llegado tarde.
- Mañana a las ocho saldrá el sol.

➤ Elige una de esas oraciones y transfórmala.

Con otro predicado

Con otro sujeto

4 **Copia las dos oraciones con sujeto tácito.**

- Siempre olvido las llaves en casa.
- Vino Patricia a mi casa.
- La fruta tiene muchas vitaminas.
- Saldrán por la mañana temprano.

GRAMÁTICA

5 Escribe una oración de cada tipo.

Con sujeto expreso _____

Con sujeto tácito _____

6 Relaciona cada oración con la afirmación correspondiente.

La nueva profesora de inglés se llama Carmen. ▪   ▪ Su sujeto es tácito.

Me los ha regalado ella. ▪   ▪ Su sujeto tiene dos complementos.

He llegado al colegio a las nueve. ▪   ▪ Su sujeto es un pronombre.

7 Subraya el sujeto de cada oración y analízalo según el ejemplo.

Mañana viene a visitarnos <u>la abuela</u>. ▶ *la (determinante) abuela (núcleo)*

_____

Su hermano mayor es médico. ▶ _____

_____

La luna llena brilla en el cielo. ▶ _____

_____

Este libro de cuentos es divertido. ▶ _____

_____

8 Completa las oraciones con sujetos que se ajusten a estas estructuras:

Det. + Núcleo

_____ se encontraba en un lugar privilegiado.

Det. + Compl. + Núcleo

_____ se puso contentísimo con la noticia.

Det. + Núcleo + Compl.

_____ viajarán a Irlanda el próximo verano.

Uso de la letra x

1 Copia correctamente las palabras incompletas del texto.

Una e★plosión de película

El e★cursionista iba por la senda buscando setas y, de repente, oyó una pequeña e★plosión. En el horizonte vio una columna de humo y fue a su coche en busca de un e★tintor. A medida que se acercaba iba notando un e★traño olor, muy penetrante. Temió que fuera un gas tó★ico y sintió miedo. Entonces oyó: «¡Corten!». ¡Estaban rodando una película!

_____

2 Completa las oraciones.

- experimentado
- exclusivo
- excelente
- excéntrico
- exagerado

- Tu hermano ha presentado un trabajo _____
- Creo que ella fue un poco _____ en sus quejas.
- Es una mujer de costumbres peculiares, un tanto _____
- El puesto requiere una dedicación _____
- Confiaron el vuelo a un piloto muy _____

3 Escribe una oración con cada palabra.

Si no estás seguro del significado de alguna de ellas, consulta el diccionario.

espectador ▶ _____

expectante ▶ _____

espectacular ▶ _____

4 Completa las oraciones con verbos que contengan x.

- Ya han _____ el terreno para empezar a construir la casa.
- Si no cumples las normas, te _____ de la biblioteca.
- Ella es muy puntual y me _____ mucho que no haya llegado aún.
- Por supuesto que tienes derecho a _____ tu opinión sobre el tema.
- Los ecologistas protegieron esa especie que estaba a punto de _____
- En nuestro planeta _____ miles de especies animales.

ORTOGRAFÍA

5 Copia cada oración sustituyendo las palabras destacadas por sus sinónimas.

exquisito   exhausto   exacto   extraviado

- Debes tomar las medidas del mueble de forma **precisa**.

_____

- Juan estuvo cocinando toda la mañana y preparó un plato **delicioso**.

_____

- Después de la carrera, la atleta se quedó **agotada**.

_____

- Tu hermana encontró el famoso pendiente **perdido**.

_____

6 Escribe las palabras que corresponden a estas definiciones.

Ten en cuenta que todas comienzan por *extra-*.

Zona que rodea el casco de una población. ▶ _____

Tarea que se realiza después del horario escolar. ▶ _____

Que está fuera de lo común. ▶ _____

Ser que ha venido desde el espacio exterior a la Tierra. ▶ _____

7 Escribe sus nombres y otra palabra de la misma familia en cada caso.

_____ _____ _____ _____

_____ _____ _____ _____

8 Completa con *s* o *x*.

- e___carbar
- e___tender
- e___pléndido
- e___currir
- e___perto

SABER HACER — ESCRIBIR UNA BIOGRAFÍA

1 Lee y contesta.

Marina Arenas Vázquez

La investigadora Marina Arenas Vázquez nació en Palencia el 18 de diciembre de 1990. Es la menor de tres hermanos.

A los ocho años, los Reyes le trajeron un juego de química, lo que sin duda marcó su vida para siempre, pues la pequeña Marina descubrió un mundo apasionante que no ha dejado de fascinarla.

Cuando terminó el Bachillerato, no dudó en hacer la carrera de Química. Según cuenta, se siente absolutamente feliz en dos lugares: en la playa y en el laboratorio de la universidad, donde dirige uno de los equipos de investigación más prestigiosos y reconocidos del mundo.

- ¿De quién es esta biografía?

- ¿Qué datos personales se ofrecen de ella?

- ¿Por qué destaca profesionalmente?

- ¿Qué anécdota se cuenta de su infancia?

2 Completa la biografía de la investigadora inventando datos sobre estas cuestiones:

- Sobre su familia y su infancia
- Sobre sus gustos y aficiones
- Sobre sus profesores y compañeros

3 Elige a uno de estos personajes. Luego, inventa y escribe un hecho curioso que podrías contar en su biografía.

Un cantante famoso

Un escritor premiado

Un candidato a alcalde

4 Escribe la biografía del personaje que has elegido.

Inventa datos como los siguientes:

- Fecha y lugar de nacimiento.
- Nombre de padres y hermanos.
- Lugares en los que ha vivido.

- Referencia a personas importantes en su vida.
- Estudios y aficiones.
- Recuerdos, anécdotas, proyectos…

9 Comprendo un poema

La volandera

Vuela en el aire
vuela que vuela
volando viene
la volandera.

Libre en las manos
sola en la tierra
solita y sola
vuela que vuela.

De luz tan clara
que reverbera
volando viene
como una estrella.

Beso y caricia
de enredadera
vuela en el aire
quita las penas.

Flor de los ojos
olor de menta
espiga y ramo
de hierba fresca.

Vuela en el aire
vuela que vuela
volando viene
la volandera.

La volandera
la volandera
la volandera…

RAMÓN GARCÍA MATEOS

1 ¿Qué es la volandera? ¿Cómo es? Explícalo con tus palabras.

2 ¿Te parece un poema alegre o triste? Explica por qué.

COMPETENCIA LECTORA

3 ¿Qué crees que significa la palabra *reverberar*? Marca.

☐ Chisporrotear.　　☐ Brillar, reflejarse.　　☐ Oler a verbena.　　☐ Volar.

➤ Consulta ahora el diccionario para asegurarte.

4 Busca la estrofa que se repite en el poema y cópiala.

_____

_____

_____

_____

➤ Escribe las tres palabras de esos versos que pertenecen a la familia de *volar*.

_____

5 De los versos que has copiado en la actividad 4, ¿cuál se repite en cada una de estas estrofas?

estrofa 2 ▶ _____

estrofa 3 ▶ _____

estrofa 4 ▶ _____

6 ¿Con qué identifica el poeta a la volandera? Copia las metáforas de las estrofas 4 y 5.

_____

_____

7 ¿Qué crees que quiere sugerir el poeta con la repetición de los tres últimos versos?

☐ La belleza de la primavera.　　☐ El vuelo de la volandera.　　☐ El sonido de la lluvia.

8 Elige una estrofa y cambia alguno de sus versos como en el ejemplo.

Intenta respetar la rima.

> De luz tan clara
> que reverbera
> **gira que gira**
> **como una rueda**.

_____

_____

_____

_____

El predicado nominal. El atributo

1 Rodea el verbo de cada oración. Después, copia las formas de los verbos copulativos.

- Pronto volveremos a casa.
- El niño estaba asustado.
- A mí no me asusta la oscuridad.

- Pareces preocupado.
- Ayer fuimos a un concierto.
- Esa es mi mejor amiga.

_____   _____   _____

2 Subraya el predicado de cada oración. Después, escribe si es un predicado nominal o verbal.

Ese ramo de flores es precioso. ▶ _____

Marga compró el regalo de cumpleaños. ▶ _____

Nosotros iremos al cine mañana. ▶ _____

Este pastel está buenísimo. ▶ _____

El corredor parecía cansado. ▶ _____

Yo siempre digo la verdad. ▶ _____

3 Elige dos oraciones de la actividad anterior y cópialas en su lugar.

Predicativa ▶ _____

Copulativa ▶ _____

4 Escribe oraciones predicativas añadiendo tres predicados verbales distintos a cada sujeto.

▶ _____

Mi mejor amiga ▶ _____

▶ _____

▶ _____

Los espectadores ▶ _____

▶ _____

▶ _____

Algunos animales ▶ _____

▶ _____

GRAMÁTICA

5 Subraya el atributo de cada oración.

- Este cuadro es muy valioso.
- La película parece entretenida.
- Es bastante abrigada esa chaqueta.

- Mis pantalones están un poco viejos.
- Los niños estaban entusiasmados en el zoo.
- Tú eres muy parecido a tu hermano.

6 Completa estas oraciones copulativas con un atributo.

- En clase, María estaba _____

- Esa idea parece _____

- Hoy la sopa está _____

- Tu pelo es _____

7 Escribe oraciones copulativas con estos predicados:

increíblemente divertido

cariñoso y risueño

una auténtica amiga

_____

_____

_____

8 Inventa oraciones copulativas sobre este personaje. Usa los verbos ser, estar y parecer.

_____

_____

_____

_____

_____

_____

9 Analiza sintácticamente siguiendo el ejemplo.

SUJETO   PREDICADO

Los días de verano son cálidos y luminosos.

V. cop.   Atrib.

Ese roble es el árbol más grande del jardín.

La respuesta de Jaime fue clara y concisa.

Signos que indican pausa interna

1 Añade las comas que faltan en el texto.

El reciclado

En mi barrio han cambiado los viejos cubos de basura y en su lugar han puesto contenedores de cuatro colores: azul amarillo marrón y verde. En ellos se reciclan el papel los envases los restos orgánicos y el vidrio. Yo siempre reciclo, pero, a veces, guardo las botellas los *tetrabriks* y las bandejas… ¡para hacer manualidades!

2 Escribe las respuestas a estas preguntas:

- ¿Cuáles son tus cinco animales favoritos?

- ¿Qué cuatro ciudades te gustaría conocer?

- ¿Cuáles son tus tres comidas preferidas?

3 Escribe enumeraciones que contengan estos elementos:

| Tres prendas de vestir que te gusten. | Cuatro ríos españoles. | Tres frutas. |

4 Copia y escribe punto y coma donde corresponda.

- Pedro es director de un colegio Mariano, profesor de Yoga Azucena, contable y Marisa, médico.

- El viernes hice los deberes de Lengua, Matemáticas e Inglés los de Ciencias, los hice el domingo.

32

9

ORTOGRAFÍA

5 Describe la ilustración, enumerando todos los elementos que aparecen.

En el acuario hay una estrella de mar,

_____

_____

_____

_____

_____

6 Relaciona y copia las oraciones. Usa el punto y coma.

Javier estudió poco ■

Hace calor ■

sin embargo

■ obtuvo una de las notas más altas y consiguió el puesto.

■ estoy bastante destemplado y tengo muchos escalofríos.

_____

_____

_____

_____

_____

7 Completa estas oraciones teniendo en cuenta los signos de puntuación.

■ Ernesto se fue hace un rato; pero _____

_____

■ A Miriam no le gusta esta comida, pero _____

■ Habíamos quedado para ir cine, aunque _____

■ Tengo mucha prisa; aunque _____

_____

8 Añade las comas que faltan en las siguientes oraciones:

■ Alejandra tienes que hacer los deberes de Matemáticas.

■ No vayas tan rápido Ricardo.

■ Señora me urge hablar con usted.

33

SABER HACER — ESCRIBIR UNA CARTA AL DIRECTOR

1 Lee y contesta.

> Choperas, 15 de septiembre de 2015
>
> Estimada señora directora:
>
> Mi nombre es Álvaro de Diego Gómez y tengo doce años.
>
> A través de su periódico, me gustaría llamar la atención sobre el estado de abandono en el que se encuentra la zona de Los álamos, el área de ocio situada a orillas del río de nuestra localidad. El deterioro de los columpios, las papeleras, mesas y farolas ha convertido este lugar, tan agradable hace tiempo, en una zona sucia y abandonada.
>
> Creo que los vecinos nos hemos quedado sin un área recreativa de la que disfrutábamos habitualmente y que formaba parte de nuestra vida cotidiana.
>
> Me gustaría reclamar su remodelación para que podamos volver allí y disfrutarla, como ocurría hace años.
>
> Le agradezco de antemano la publicación de esta carta y confío en que alguien pueda atender mi solicitud.
>
> Un saludo,
>
> Álvaro de Diego

- ¿Quién escribe la carta? ¿A quién va dirigida?
  _____

- ¿Para qué escribe la carta?
  _____
  _____

- ¿Te parece que escribir esa carta es una buena idea? Explica por qué.
  _____
  _____

2 Inventa y escribe un motivo para escribir una carta al director.

Ten en cuenta que la carta es para expresar una opinión o hacer una sugerencia o petición.

_____

3 Quieres pedir que instalen una pista de patinaje sobre hielo en una plaza de tu barrio. Redacta brevemente el motivo de tu carta al director.

Recuerda que puedes usar fórmulas como *A través de su periódico me gustaría pedir…*, *Quisiera expresar mi interés en…* No olvides reforzar tu petición con algún argumento.

_____

_____

_____

_____

_____

4 Elige uno de estos hechos para escribir una carta al director de un periódico.

Ten en cuenta lo siguiente:

- No olvides el encabezamiento, la despedida y la firma.
- Debes hacer una breve presentación de ti mismo.

> Las obras previstas en la torre de la iglesia ponen en peligro un nido de cigüeñas.

> La máquina quitanieves de un pueblo de montaña lleva averiada todo el invierno.

_____

_____

_____

_____

_____

_____

_____

_____

10 Comprendo una página web

www.losamigosdelclima.org   Buscar

Los amigos del clima

INICIO | **NOTICIAS** | **PUBLICACIONES** | **PREVISIÓN DEL TIEMPO**

Tipos de clima
- Clima oceánico
- Clima subtropical
- **Clima mediterráneo**
- Clima de montaña

¿Sabías que...?

El cambio climático

Todos los años, la temperatura del planeta aumenta gradualmente. Uno de los motivos es la contaminación de la atmósfera, que impide que el calor que se genera en la Tierra se libere al exterior. Por este motivo, es necesario pensar en medidas que controlen la emisión de gases contaminantes.

Clima mediterráneo

Se da, principalmente, en las regiones bañadas por el mar Mediterráneo, aunque también está presente en otras zonas, con ligeras variaciones.

Los veranos son muy calurosos. La temperatura media es de 25° C, aunque se pueden alcanzar los 40° C. Los inviernos son templados y las temperaturas no suelen bajar de los 10° C.

Las precipitaciones son irregulares y escasas, y se concentran en primavera y otoño. En verano no suele llover y se producen sequías.

La vegetación varía dependiendo de la humedad de la zona. El bosque mediterráneo se compone, básicamente, de encinas, alcornoques y pinos, especies muy resistentes a la sequedad. En zonas más húmedas pueden crecer robles.

Cuando el bosque mediterráneo se deteriora, crecen arbustos como el madroño, el tomillo y el romero. Estas formaciones arbustivas reciben el nombre de garriga o maquia.

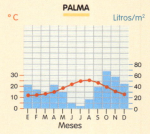

Preguntas frecuentes

¿Por qué la distancia del mar influye en el clima?

El agua tarda más tiempo en calentarse y enfriarse que la tierra. Durante el día, el agua del mar refresca el ambiente de la costa porque conserva el frío de la noche y a la inversa.

Brisa marina por la noche.

¿Sabes diferenciar *tiempo* de *clima*?

El **tiempo atmosférico** es la situación atmosférica en un lugar y momento determinados. El **clima** es el tiempo atmosférico que predomina en un lugar a lo largo de los años.

1 ¿Qué información puedes encontrar en esta página web? Marca las opciones correctas.

- ☐ Las zonas de España con clima mediterráneo.
- ☐ Cómo es el clima continental.
- ☐ Las clases de océanos.
- ☐ Artículos sobre el clima.
- ☐ Qué es el clima.
- ☐ Por qué se producen sequías.
- ☐ Cómo hay que cuidar un madroño.

COMPETENCIA LECTORA

2 Imagina que pinchas en la sección *Previsión del tiempo.* ¿Qué información crees que vas a encontrar? Escribe.

Explica cómo crees que aparecerá esa información (en texto o gráficamente, sobre qué periodo de tiempo…).

_____
_____

3 Contesta sobre el clima mediterráneo.

- ¿Cuáles son las estaciones más lluviosas del clima mediterráneo?

_____

- ¿Es constante la temperatura durante todo el año? ¿Por qué lo sabes?

_____
_____

- ¿Qué es la garriga o maquia?

_____

4 Fíjate en la respuesta a la pregunta *¿Por qué la distancia del mar influye en el clima?* y en el dibujo que la acompaña y explica qué ocurre por la noche.

_____
_____

5 Escribe una pregunta que añadirías a la sección *Preguntas frecuentes*.

_____
_____

6 Compara este gráfico con el que aparece en la página web y contesta.

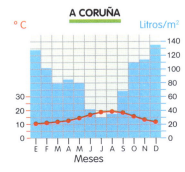

- ¿En cuál de las dos ciudades crees que puede haber periodos de sequía?

_____

- ¿Durante qué meses?

_____

37

El predicado verbal. Los complementos

1 Escribe oraciones predicativas con estos verbos:

conducir ▶ _____

ensayar ▶ _____

arreglar ▶ _____

ayudar ▶ _____

2 Subraya de rojo el núcleo del predicado y de azul los complementos.

- Yo estudio en ese colegio.
- Mi padre ha hecho la tarta de cumpleaños.
- Mi abuelo nos regaló un libro de aventuras.
- Ayer compramos un regalo a Gema.
- Haré el trabajo con dos compañeros.
- A veces vamos al colegio en bicicleta.

3 Copia el complemento directo de cada oración.

Tú has traído todos los cuadernos a casa hoy. ▶ _____

Elena pidió un diccionario a su compañero. ▶ _____

Daniel ha tenido muy buenas ideas en clase. ▶ _____

Nosotras vimos a Miguel en el autobús. ▶ _____

Mi amiga Paula ha escrito dos libros de poemas. ▶ _____

Luisa dio una sorpresa a Mónica. ▶ _____

4 Copia dos oraciones de la actividad 3 sustituyendo el complemento directo por un pronombre átono (*lo*, *la*, *los* o *las*).

_____

_____

5 Completa las oraciones con un complemento directo.

- El jardinero está podando ahora _____
- Por mi cumpleaños, mi abuela me regalará _____
- Tras la competición, el entrenador felicitó _____
- Hoy en clase hemos leído _____
- En la televisión van a poner _____
- Para la cena vamos a preparar _____

GRAMÁTICA

6 **Subraya el complemento indirecto de cada oración y sustitúyelo por el pronombre *le* o *les*.**

Ayer di el trabajo <u>a mi profesora</u>. ▶ *Ayer le di el trabajo.*

Pedro enseñó el coche a sus padres. ▶ _____

No he escrito el mensaje a Ana y a Eva. ▶ _____

Hemos hecho fotos a la gatita. ▶ _____

Siempre cuento chistes a mis amigos. ▶ _____

7 **Rodea de azul el complemento directo y de rojo el indirecto. Luego, sustitúyelos por pronombres átonos.**

■ Cristina hizo unas preguntas a sus alumnos.

_____

■ Tú has pedido a tu hermana el cuaderno.

_____

■ He prestado a mi compañera los apuntes de clase.

_____

8 **Subraya los complementos circunstanciales de estas oraciones y escribe de qué clase son.**

■ Ana habla inglés muy bien.

_____

■ No he tenido nunca una mascota.

_____

■ Mis padres han salido con sus amigos.

_____

■ He olvidado el monedero en casa.

_____

9 **Añade al menos un complemento circunstancial a cada oración.**

Compré unas frambuesas. ▶ _____

Mi hermano toca el piano. ▶ _____

10 **Subraya los complementos del predicado y escribe debajo CD, CI o CC según corresponda.**

■ La profesora de natación entregó ayer a los niños en la piscina el resultado de las pruebas.

■ Carmen y yo paseamos por los alrededores de la casa con su prima.

Los dos puntos

1 Lee estos fragmentos de textos y escribe dos puntos donde sea necesario.

Querida Ana

Te escribo para decirte que dentro de unos días iremos a Vallehúmedo y podremos vernos.

Entonces mi amigo Alberto dijo
–Pues si ella no juega, no jugaremos ninguno. Y nos marchamos de allí en silencio.

Por tanto, en esta zona se distinguen dos tipos de clima muy diferentes el costero y el de interior.

2 Relaciona y copia. Incluye los dos puntos donde corresponda.

Estos son los colores necesarios ■   ■ el tenis, el baloncesto y el fútbol.

Trae estos materiales ■   ■ harina, azúcar y levadura.

Compra estos ingredientes ■   ■ rojo, azul y violeta.

Me gustan tres deportes ■   ■ pegamento, cartulina y tijeras.

_____

_____

_____

_____

3 Copia estas enumeraciones incluyendo las palabras que las anuncian.

varios países: estas herramientas:

■ Compra martillo, destornillador y clavos.

_____

■ Visitaremos Francia, Bélgica y Holanda.

_____

4 Escribe oraciones en las que anuncies estas enumeraciones. Usa los dos puntos.

■ _____ Londres, París y Roma.

■ _____ un geranio, un rosal y dos camelias.

■ _____ David, el mayor, y Sofía, la pequeña.

■ _____ Lengua, Matemáticas e Inglés.

■ _____ lápiz, papel y una goma.

10

ORTOGRAFÍA

5 Ordena y copia las oraciones.

| «¡Por fin estamos de vacaciones!». | entusiasmado: | comentó | Mi padre |

_____

_____

| se sorprendió al vernos | «¡Cómo habéis crecido!». | Mi tía Aurora | y dijo: |

_____

_____

6 Escribe el diálogo utilizando los dos puntos y las comillas.

Pedro le preguntó a _____

_____

Y Juan _____

_____

¡Hola, Juan! ¿Quieres un helado?

Sí, Pedro. ¡Muchas gracias!

HELADOS

7 Copia este fragmento de una carta y escribe los signos de puntuación que faltan.

Estimado alcalde

Le escribo para informarle de que el temporal ha causado los siguientes desperfectos en la plaza de nuestra localidad una farola de la plaza arrancada, un muro derrumbado y tres escaparates rotos.

_____

_____

_____

_____

_____

> **SABER HACER** — **ESCRIBIR UN ARTÍCULO**

1 Lee y contesta.

DIARIO HOY, 30 de marzo

ÁNGELES AIRES SIERRA

La energía eólica, una energía cargada de futuro

La lucha contra la contaminación en el planeta está impulsando el desarrollo de las llamadas energías limpias, renovables y, por lo tanto, inagotables. Este es el caso, entre otros, de la energía eólica.

España, por sus condiciones naturales, es uno de los países en los que el uso de la energía eólica tiene mayor futuro. Incluso el presente es ya muy esperanzador. Y es que los parques eólicos, con las aspas de sus generadores movidas por el viento, son espacios cada vez más frecuentes en nuestro paisaje.

Así, España se ha convertido en el primer país de Europa en producción de energía generada por el viento. En la actualidad, los parques eólicos españoles proporcionan un porcentaje nada desdeñable del suministro eléctrico anual. Todo parece indicar que irá en aumento, lo que nos hace entrever un prometedor horizonte.

- ¿Quién escribe el artículo?

- ¿Qué tema de interés se analiza en él?

- ¿Qué se dice sobre esa cuestión?

- ¿Qué opina la autora sobre el tema?

2 Ordena estas palabras y escribe un titular.

encuentran   en el sótano   restos arqueológicos

Unos niños   de un viejo edificio

_____

_____

➤ Responde sobre el titular.

- ¿Quiénes intervinieron?

_____

- ¿Qué pasó?

_____

- ¿Dónde ocurrió?

_____

3 Elige un titular e inventa una noticia.

Debes explicar qué pasó, quiénes intervinieron, cuándo ocurrió, dónde pasó y por qué.

Cruza el Atlántico en globo   Un león escapa del zoo

_____

_____

_____

_____

_____

_____

_____

_____

_____

Amplío mi competencia léxica

1 ¿Cuáles de estas palabras se refieren a partes de un velero? Colócalas en el lugar correspondiente de la imagen.

- proa
- capitán
- ancla
- carabela
- galeón
- mástil
- timonel
- navío
- estribor
- contramaestre
- popa
- buque
- casco
- babor
- bergantín
- marinero

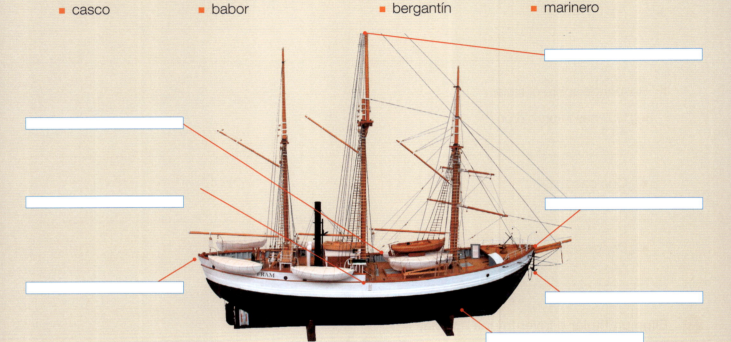

2 Organiza en dos campos semánticos las palabras que no has utilizado en la actividad anterior. Pon un título a cada uno.

3 Rodea la palabra que corresponde a cada dibujo.

rallo / rayo

tuvo / tubo

votar / botar

44

AMPLÍO MIS COMPETENCIAS

4 Forma nuevas palabras con estos sufijos. Haz todas las combinaciones que puedas.

- -ero
- -ista
- -izar
- -ecer
- -ear

• cabeza   • teléfono   • final   • idea   • masaje   • broma   • flor   • caricatura

_____
_____
_____
_____

5 Durante un minuto, escribe todas las palabras con sufijo que se te ocurran.

_____
_____
_____

6 Relaciona y escribe cuatro frases hechas.

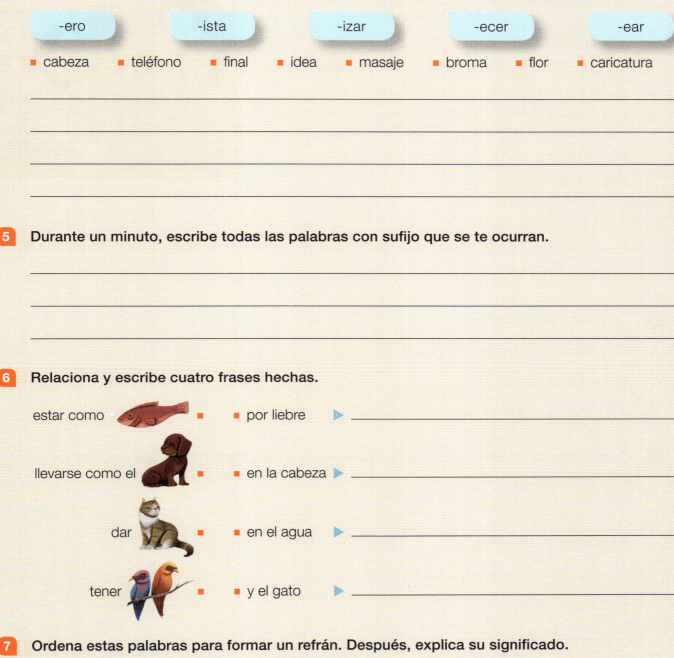

estar como ■   ■ por liebre ▶ _____

llevarse como el ■   ■ en la cabeza ▶ _____

dar ■   ■ en el agua ▶ _____

tener ■   ■ y el gato ▶ _____

7 Ordena estas palabras para formar un refrán. Después, explica su significado.

- diré
- eres
- y
- con
- andas
- quién
- dime
- quién
- te

▶ _____
_____
_____

_____
_____

45

Repaso trimestral

1 Copia los adverbios y escribe de qué tipo son.

En la biblioteca

–¡Hola, Martín! ¿Qué haces?
–Pues estoy terminando un trabajo de Sociales.
–A mí se me dan bien las Sociales. ¿Te ayudo?
–No, tranquila, tengo bastante tiempo para acabarlo. Pero gracias por ofrecerte… ¿Vas a ir luego al parque?
–Sí, ¿y tú?
–Yo también. Nos vemos allí.

2 Completa estas oraciones:

- Le regalaron unos cuentos y _____
- O meriendas ahora, o _____
- No comimos lentejas, sino _____

3 Copia estas oraciones añadiendo un complemento encabezado por una preposición.

- Hemos guardado los libros.
- Estoy viendo una película.
- Iremos en coche.
- Aprendí a patinar.

4 Subraya el sujeto de cada oración.

- Todos los niños se apuntaron al viaje.
- El director y los padres se reunieron ayer.
- Mis amigos y yo nos llevamos muy bien.
- El cuento lo leyó Teresa.
- Yo haré el trabajo con Luis.
- En el cielo brillaban las estrellas.

5 Escribe una oración de cada tipo.

- Con sujeto tácito.

_____

- Con predicado nominal.

_____

- Con predicado verbal.

_____

6 Analiza estas oraciones siguiendo el modelo.

SUJETO		PREDICADO		
Mi	hermano	ganó	la carrera	con facilidad.
Det.	N	N	CD	CCModo

- Luisa envió una felicitación a sus tíos.

- Esos niños hablan alemán con su madre.

7 Completa estas palabras con *ll* o con *y*.

- va____an
- ____avero
- destru____ó
- grose____a

- gri____o
- bue____es
- cue____o
- cepi____ar

8 Escribe una carta al director de un periódico o de una revista sobre este hecho:

El deterioro de las aceras en tu barrio dificulta la movilidad de ancianos, personas en sillas de ruedas, gente que lleva carritos de bebé…

_____

_____

_____

_____

_____

_____

_____

Dirección de arte: José Crespo González.

Proyecto gráfico: Estudio Pep Carrió.
Fotografía de cubierta: Leila Méndez.

Jefa de proyecto: Rosa Marín González.
Coordinación de ilustración: Carlos Aguilera Sevillano.
Jefe de desarrollo de proyecto: Javier Tejeda de la Calle.
Desarrollo gráfico: Raúl de Andrés González, Rosa Barriga Gaitán, Olga de Dios Ruiz, Jorge Gómez Tobar y Julia Ortega Peralejo.

Dirección técnica: Jorge Mira Fernández.
Subdirección técnica: José Luis Verdasco Romero.

Coordinación técnica: Javier Pulido Martínez.
Confección y montaje: Victoria Lucas Díaz e Hilario Simón Macías.
Corrección: Nuria del Peso Ruiz.
Documentación y selección fotográfica: Marina de León-Sotelo Barberá.

Fotografía: J. Jaime; M. Barcenilla; S. Padura; 123RF; COMSTOCK; EFE/Paul E. Alers; GETTY IMAGES SALES SPAIN/Thinkstock, PHOTOGRAPHY BY BERT. DESIGN, C Squared Studios, Photos.com Plus; I. PREYSLER; ISTOCKPHOTO/Getty Images Sales Spain; ARCHIVO SANTILLANA.

© 2015 by Santillana Educación, S. L.
Avda. de los Artesanos, 6
28760 Tres Cantos, Madrid
Printed in Spain

ISBN: 978-84-680-1477-7
CP: 454627
Depósito legal: M-13411-2015

Cualquier forma de reproducción, distribución, comunicación pública o transformación de esta obra solo puede ser realizada con la autorización de sus titulares, salvo excepción prevista por la ley. Diríjase a CEDRO (Centro Español de Derechos Reprográficos, www.cedro.org) si necesita fotocopiar o escanear algún fragmento de esta obra.